김선보 시집

간이역 이야기

청옥

●●● 시인의 말

한날 제가 쓴 두 권의 시집을 다시 읽어 보니 참으로 부끄러웠습니다.

그중에서 나름대로 마음에 드는 시를 추려내어 다시 손을 보고 미숙하나마 몇 편의 시조를 같이 실어 이번 시집을 발간하게 되었습니다.

이번 시집은 자신감보다는 새로 시작하는 마음으로 시를 쓰게 되었습니다. 하얀 백지 위에 무언가를 적어 누군가의 마음을 움직여야 하는 것이 시라고 본다면 시를 쓴다는 것은 정말 녹록지 않습니다.

여러 시를 읽다 보면 많은 도움을 받기도 합니다. 시를 배울 수 있는 여건이 된다면 지금이라도 그러고 싶습니다.

여러분도 틈틈이 시를 읽으며 잠시나마 마음의 여유를 가질 수 있기를 바랍니다. 잘 쓴 시는 아니나 나름대로 최선을 다했습니다. 모쪼록 편한 마음으로 읽어 주시기 바랍니다.

시집이 나오기까지 도움을 주신 가족들께 깊이 감사드리며 제가 입원 중인 삼육부산병원 720병동 간호사들께도 감사한 마음을 전해드립니다.

입원 중인 환자 여러분의 쾌유를 진심으로 바랍니다. 또한 청옥문학의 발전을 바라며 앞으로도 많은 관심 부탁드립니다.

2020년 7월 김선보

차 례

1부

가을[시조] ······ 13
가을 소리 ······ 14
가을 한 조각 ······ 16
가을에 쓰는 편지 ······ 17
간이역 이야기 ······ 18
가을은 늘 그 자리에 ······ 20
겨울이 없었다면 ······ 21
겨울이 오면 ······ 22
고향 ······ 24
꽃향기 사랑 ······ 26
계절은 다시 돌아오는데 ······ 27
꿈을 심으면 ······ 28
그리움 ······ 29
기다리며 사는 것 ······ 30
그 시절은 가고 없고 ······ 32
기다림 ······ 33
길을 가야 한다면 ······ 34
꿈속의 낡은 의자 ······ 36
꽃이 되라 한다면 ······ 38
나목裸木 ······ 39

2부

나의 길 ······ 43
나이 ······ 44
낙엽 ······ 46
낙엽 태우며 ······ 47
내가 너를 부를 때 ······ 48
내가 별이 된다면 ······ 49
너 ······ 50
너 잊는 것 ······ 51
눈 오는 날 ······ 52
눈물은 그저 흐르지 않는다 ······ 53
달맞이꽃 ······ 54
떠난 사랑 ······ 55
도공의 손길 ······ 56
둥지의 꿈 ······ 57
만남의 날이 오늘이기를 ······ 58
만남의 날 ······ 60
만월 ······ 61
매화꽃 달빛 따라 ······ 62
매화꽃 피기까지 ······ 63

3부

머무는 고독이 되리 …… 67
무위자연 …… 68
바다 …… 69
별 헤는 이 밤 …… 70
별이 뜨는 밤 …… 72
병원 …… 73
보리밭 …… 74
봄 손님[시조] …… 75
봄은 사랑을 가을은 결실을 …… 76
봄비 …… 77
봄은 파스텔이다 …… 78
비망록 …… 79
빛의 상처 …… 80
사랑 …… 81
사랑은 어디서 …… 82
사연 …… 83
산사의 시간 …… 84
산은 말이 없지만 …… 85
산의 품속에서 …… 86

4부

산이 가진 여유 ······ 89
새벽 산에서 ······ 90
생이 다하는 그 날까지 ······ 91
수국 ······ 92
술 권하는 세상 ······ 93
술잔에 나를 담아 마시니 ······ 94
슬픈 포장마차 ······ 95
아침 산을 오르며 ······ 96
안개꽃[시조] ······ 97
여름날 아침 ······ 98
연리지連理枝 ······ 99
오솔길[시조] ······ 100
외로움[시조] ······ 101
유년의 소리 ······ 102
이별예감 ······ 103
익명의 여자 ······ 104
인생[시조] ······ 105
인생길을 가다 보면 ······ 106
인연 ······ 107

5부

임의 미소 ······ 111
잔잔한 가을 햇살 아래서 ······ 112
장맛비[시조] ······ 113
찔레꽃 ······ 114
차향 마시는 가을 오후 ······ 115
청춘, 잠시 피었다 지는 꽃이여 ······ 116
코스모스[시조] ······ 117
포니테일 ······ 118
풀꽃 ······ 119
풀꽃의 인연 ······ 120
하, 어찌하랴 ······ 121
한 마리 새 ······ 122
한여름 밤의 꿈 ······ 123
행복[시조] ······ 124
행복과 불행 ······ 125
행복은 어디에 ······ 126
호수 ······ 127
홀로 핀 꽃 ······ 128
홀로 한 사랑 ······ 129

1부

가을[시조]

길고 긴
여름 더위
어디로 가고 없고

낙엽에
물이 들면
눈부신 이름 하나

누군가
가슴에 두고
오늘밤을 지샌다

가을 소리

가을 색깔로 물든
작은 텃밭에
고춧대 끝에
고추잠자리 졸고
햇살은 붉은 고추 위로
미끄러진다

지난여름의
길었던 더위를 보내고
누렇게 익은
늙은 호박은 가을볕을
쬐고 앉아있다

밭두렁 넘어오는
선선한 바람에
속삭대는 풀벌레
소리 정겹고
풍요로운 들녘마다
산 그림자
살며시 비켜 간다

가을 소리는
가득하나 비어있는 듯
고요하고
그 사이로 아련한
추억이 쓸쓸히
바람에 나부낀다

가을 한 조각

바람에 잎사귀 흩어져
허공에 맴돌 때
언뜻 기억의 저편에 떠도는
지울 수 없는 얼굴 하나

그대가 있어
더 아름다웠던 가을이었는데
가슴 아팠던 그때
그 가을의 한 조각이
남아있습니다

당신이 남긴 빈자리에
이 가을날 무엇을 채워야 할지 몰라
더 아플 뿐입니다

언젠가는
조금씩 잊혀지겠지만
이 가을이 너무 아름다워
자꾸 생각나는 당신입니다

가을에 쓰는 편지

가을바람에 묻혀 떠나간 사람
그리움을 멀리한 시간이 너무 길어서
그대에게 부치지 못할 편지를
써볼까 합니다

아직도 가슴에 남아 있는
아픔을 뒤로 한 체
눈부시게 빛나는 오늘
지난가을에 쓰다 남은 편지를 써봅니다

내 기억에서 혹여나 멀어질까 봐
얄밉도록 아름다운 이 가을에
그대가 읽을 수 없는 편지를 써봅니다

기억에 남아 있는 눈물 나도록
행복했던 추억들을 간직한 체
오늘도 부치지 못할 편지를 써봅니다

당신만 행복하다면
아픔은 나 혼자만의 몫으로 남기고
멀리서나마 그대를 바라볼까 합니다

간이역 이야기

그곳에는
잠시 쉬어가는 간이역이 있다
시간이 허락하는 날이면
주말마다 찾아가는
그들만의 공간이기도 하다

철마다 변하는 간이역풍경은
그들의 마음을 사로잡는다
역사 곁에는
한그루 은행나무가 서 있고

가을이면
흐드러지게 핀 코스모스가
갈바람에 역사 주변에
물결을 이루었다

뒤따라 오는 급행열차를
먼저 보내기 위해 완행열차가
쉬어가는 간이역에

손님들은 가까운 마을 사람과
가끔 찾아오는 사진작가와 화가 등
다양한 사람들이 찾아오기도 한다

주말이면
활기찬 젊은 연인들이
추억을 만들기 위해 찾아오기도 하고
때론 헤어진 사람을 잊지 못해 찾아오는
아픈 간이역이기도 하다

늦가을이 되면 코스모스 꽃잎에도
간이역과 시간을 함께한
은행나무 노랗게 물든 잎새에도
오가는 사람들의 이야기를 하나하나
정성껏 담아두고
갈바람에 간이역 이야기들을 역사驛舍
마당에 떨군다

가을은 늘 그 자리에

비 지나간 뒤 쪽빛 바다에
가슴 설레는 이야기에도

알알이 붉게 물든 사과처럼
탐스런 사랑 이야기에도

흩어진 낙엽을 밟으며
말없이 돌아선 이야기에도

홀로 눈물짓게 한 한잔의
커피에 담긴 추억에도

가을은 그 자리에 있었다

겨울이 없었다면

겨울이 없었다면
등 시린 이웃의 외로움과
벌 나비 찾는 봄꽃의 향기와
얇아지는 얼음장 아래
유영하는 물고기의 꼬리 짓과
언 땅을 뚫고 올라온 잡초와
겨울 가뭄을 이긴
보리싹의 질긴 생명력을
어찌 알았겠는가
추운 겨울밤이 없었다면
우리의 따뜻한 사랑 이야기를
어떻게 알았겠는가

겨울이 오면

겨울이 오면
어김없이 마음부터 추워진다
비 지나간 가지마다
방울 꽃 맺히는 날은
몸이 추워진다

그때 겨울은 유난히도 춥고
길었던 것 같다
이 겨울에는
춥지 않게 잘 지내고 있는지

아직도 이르다는 것일까
아픈 가슴 지워버리고
봄 오면
만나자던 약속을 시샘하는지
이 겨울도 춥고도 길다

널 보는 날을 기다리는 하루가
이렇게도 지루하고

마음 설렐까
다시 만나면 널 보내지 않으리
외로움은
이쯤에서 접어야겠다

고향

길게 목 빼고 수탉 홰치는 소리
새벽 깨우는 단풍든 마을에
집 집마다 쇠죽 끓이는 내음으로
푸근한 내 고향

삽짝 밖 아이들 뛰어노는 소리에
강아지 꼬리 바쁘고
피라미 떼 물길 따라 오르고
송아지 어미 찾는 들판에서
메뚜기 잡던 곳

코스모스 피는 둑길에 달빛 흐르고
산에는 진달래꽃 피는
어느 것 하나 잊을 수 없는
정겹고 푸근한 내 고향

다시 찾아온 고향
낯익은 길은 그대로인데
강아지도 아이들 웃음소리도 없이
정적만 무겁게 흐르고

세월을 비키지 못하고
허연 머리에 주름진 얼굴로
그때 정 많던 아주머니들만 모여 앉아
고향을 지키고 있네

꽃향기 사랑

그대 향한 사랑은 꽃향기 넘쳐나고
꽃을 닮은 어린 요정의
해맑은 웃음입니다
내가 가는 길가에 웃고 있는 꽃은
그대 가는 길가에도 피어 있을 겁니다

내 마음의 꽃도
그대 꽃밭 어디에 피어 있을 겁니다
그대 주저하지 말고
서로 손잡고 마음껏 노래합시다

모두 우리 사랑을 축복할 겁니다
하늘이 내린 가장 아름다운
선물인 꽃은
그대 가슴에도 피어 있을 겁니다

내 가슴에는 미소 띤
그대 얼굴이 활짝 피어 있습니다
영원히 지지 않는 꽃으로 말입니다

계절은 다시 돌아오는데

한 잎 낙엽에 걸린 초승달
만월 되는 날을 손꼽아 기다리는데

그리움은 마음의 상처가 남긴 아픔임을
그대는 알고 있는지

계절은 언제나 다시 돌아오는데
떠난 사람은 어디에서 무얼 하고 있는지

돌아온 계절과 함께 따라온 바람도
알 수 없는지 말없이 내 곁을 떠나네

꿈을 심으면

꿈을 담은
꽃씨 한 톨을 심는다
흙과 물과 햇빛
조금만 보태면
흙을 비집고 뾰족이
싹을 틔우고
꽃이 핀다
참으로 경이롭다
꿈도
이렇게 찾아온다

그리움

사랑하고 이별해본 사람만 알 수 있는 그것은
우리를 가슴 미어지게 하는 그리움 때문임을

눈을 뜨면 보이는 모두가 그대 손결이요
눈을 감으면 들리는 모두가 그대 목소리다

화려하게 핀 목련 꽃도 질 때는 초라하지만
우리는 목련꽃 피는 그날을 다시 기다린다
그리움은 기다리는 것이 아니라 찾아가는 것이다

왜 그토록 처절하게 사랑했는지 그대는 알았는가
지금은 현실이 되어버린
그대와 헤어질 것 같은 예감 때문임을

그것 말고는 더 아무런 이유도 없다
오늘 밤도 그리움 때문에 지쳐버린 내 가슴을
다독여본다

기다리며 사는 것

기다려야 한다면 그래야한다
그 기다림이 오지 않는다고
실망하지 마라
기다림에 지친다면 추위를 견디고
꽃 피우고 열매 맺히는
저 나무를 보라

기다림에도 끝이 있으니
여름 속에 가을바람 부는 그날을
기다려 보자
언제까지 기다리지는 않을 것이다

기다림 없는 삶은
무척 지루할 것 같다
가슴 설레는 기다림이 있는가 하면
반갑지 않은 기다림도 있겠지

하지만
그대의 기다림은 분명 행복한

기다림이 될 것이다
어쩌면 매일 기다리며 사는 것이
우리의 삶이 아닐까

그 시절은 가고 없고

강물은 굽이굽이 흐르고
산길 따라 오르는 때 어젠가 하는데
마음만 앞장서네

짧기에 강열한가
한철에 붉게 핀 꽃
낙화 되어 흔적 없고

피고 지고 한순간
사랑도 짧아 갈대 되어
노을에 붉게 타네

그 시절 그리운 사람들은
하나둘 가고 없고
지난 이의 발자취만 남았구나

바람 된 그리움은
변함없는 산천을 돌아가고
시간은 덧없이 멀어져가네

기다림

겨울 지난 풀 섶에
들꽃 살며시 고개 내밀고
물오른 나뭇가지에
새소리 들려온다

꽃이 진 자리에
신록의 산은 분주하고
적막한 산골에는
매미울음 가득하다

하얀 달무리에
줄지어 기러기 날고
가을바람에
단풍나무는 그리움으로 불타고

눈꽃 핀 가지에
웅크리고 있는 까치 한 마리
누굴 기다리나
혼자 졸고 있네

길을 가야 한다면

이 세상에 나는 순간부터
삶의 끝을 향한
길을 가고 있습니다

하루하루가 소중한 그 길은
누구나 가야 할 길입니다
잘못 들어서도
되돌아갈 수 없으니
후회 없는 길을 가야 합니다

곧은길만이 길이
아닙니다
힘들게 가는 길은 우리에게
인내를 알게 하고
삶의 소중함을 깨닫게 합니다

세상의 모든 길은
하나로 돌고 돌아
제 자리로 다시 찾아옵니다

우리의 삶이 그럴 진데
자연의 섭리를
어떻게 거스를 수 있겠습니까

되돌아갈 수도
주저앉을 수도 없는
이 길을 우리는 가야만 합니다

꿈속의 낡은 의자

삐걱 거리는 다리로
힘겹게 앉아 있는 낡은 의자
노곤한 몸뚱이를 기꺼이 받아준다

켜켜이 쌓인 시간
바라는 것 없이 묵묵히
언제나 제 자리를 내어주는
고마운 의자다

우리들에게 휴식을 주었던 의자는
힘에 겨워
어느 집 땔감이 되어
마지막 불꽃으로 타오른다

그가 떠난 후
다른 의자가 지키고 있고
그 의자에 피곤을 기대고 앉아
깜빡 잠이 들었다

보잘 것 없는 낡은 의자지만
많은 사람들이 쉬어갈 수 있었던
그때가 행복했노라고
활짝 웃는다

꽃이 되라 한다면

화려한 꽃이 아니라면
이름 없는 야생의 꽃으로 피어나
그것도 죄 인양 숨죽여 피었다가
안개꽃으로 다시 나고 싶다
화려함을 받쳐주는 겸손으로 살다
장미로 피어난다면 또 어떠리

나목裸木

내려놓음에 초연하고
삭풍에 몸을 맡겨
시린 몸에 햇살 피면
침묵의 움이 튼다

2부

나의 길

잘못 들어서 길이 없어도
스스로 길을 만들어 보라
가다 보면 따라올 사람이 있다

바른 족적만 남기려고 애써라
평탄하고 쉽게 가는 길은
인색하다는 걸 가르쳐 주라

가야 할 길이 아니라면
화려한 길도 험한 길이라도
머물 수 없음을 알려주라

되돌아보면 내가 선택한 것을
인생은 외로움 속에서
길 하나를 만드는 것이리라

나이

세월 갈수록 희끗해지는
머리카락
왠지 모르게 마음이 무거워진다

나이가 들어서가 아니라
무엇하나 해놓은 것이 없어서
더 그러하지 않을까

바쁘게 살아온 것도 아닌데
남은 시간을 어떻게보내야 할지
생각해 잠긴다

보내는 것에
익숙해지는 나이지만
가버린 시간은 이렇게 서러울까

나의 인생은
사랑과 이별, 허무와 고독이
안개 속을 걷듯이 위태로웠다

아, 인생이여
내 젊은 날의 철없는 걱정으로
헤어날 수 없었던
내 안의 또 다른 나

낙엽

바람 불면 떨어질 것을
무엇이 그리 아쉬워
아등바등 매달려 있는지

떨어질 때를 깨닫는 것이
어디 한 해 두 해든가
아쉽지만
마지막 남은 잎새마저 떨구는 나무다

낙엽이 서로 닮은 듯
다른 것은
저들마다 내려놓은
그리움이며
추억하나 때문임을

낙엽 태우며

삶의 무게로 떨어진 낙엽을 끌어모아
그 이름으로 타닥타닥 불타는 소리다
누구의 눈물로 적시고
땅에 떨어진 낙엽 하나 바람에 날린다

마지막 남은 낙엽마저
한줄기 연기로 사라지지만
여전히 낙엽 진 자리로 어김없이 돌아오는
눈부신 가을은 있다

저무는 오후
낙엽마다 담긴 이야기를 쓸어모아 태우면
타닥 타닥 낙엽 불 타는 소리
쓸쓸히 가슴을 울린다

가을이 타는 소리
그리움이 타는 소리
늦가을의 정취로 여운을 남긴다

내가 너를 부를 때

네게 닿을 수 없고
안을 수 없는 것과

다가갈 수가 없고
다가올 수 없는 것과

부를 수 없고
불리어질 수 없는 것을
차마 사랑이라 한다

달빛 고운 날 네가 보고파
너의 이름을 가만히 불러 본다

내가 너를 부를 때
너의 이름은
돌아오지 않는 메아리가 아닐 진데

정녕 네 이름으로 불리어
지는 것이 맞는지
내 마음만 애달프구나

내가 별이 된다면

하늘 가득 핀 꽃들이
하얗게 쏟아질 것 같은 밤하늘
별을 가슴에 품으면
저마다 마음에 담은 이야기를 들려준다

마냥 아름답게만 보이는 별들도
아픈 이야기를 담고
밤하늘의 별이 되었나보다

내가 별이 된다면
잠 못 이루는 이들에게
어떤 얘기로 그들을 꿈꾸게 할까

너

아침에 눈을 뜨니 참 좋다
어젯밤 꿈속에서
너를 보아서

오늘 밤 꿈속에서
네가 보일 것 같아 참 좋다

내가 너를 얼마나 좋아하는지
꿈속까지 따라갈까

너는 알까
네가 있어 참 좋음을
그래서 꿈속까지 따라오겠지

너 잊는 것

어찌할 수 없는 딱 하나 그것
끝이 없는 가슴 시린 그리움
지울 수 없는 별빛도 달빛도
널 잊는다는 것이 그러하듯이

눈 오는 날

가벼운 몸짓으로 나풀거리며
산에도 빈들에도
까치 졸고 있는 나뭇가지에도
흰 꽃들이 쌓인다

오늘 하루만이라도
머릿속 걱정을 잊어버리라고
온통 하얗게
세상을 덮을 듯 눈이 내린다

사람의 마음속에도 내려
온갖 근심 걱정을 덮어 버리라고
점점 세차게 내린다

하늘 가득 쏟아지는 눈
오늘만큼은 목화솜처럼 포근하게
나를 감싸 준다

눈물은 그저 흐르지 않는다

눈물은
그저 흐르는 것이 아니란 걸
누구나 안다
가슴 시린 사랑을 잊을 수 없다면
아픔의 눈물을 흘려라

풀잎에 맺힌 한 방울의 이슬도
왜 땅에 떨어지는가를 안다
눈물에는 거짓이 없고 진실하다

울고 싶을 땐 마음껏 울어라
가슴에 쌓인 골 깊은 상처 있다면
눈물로 씻어내라

한껏 울고 나면 가슴이 트인다
그만큼
마음이 맑아졌다는 것을 말한다

달맞이꽃

청아한 개울물에 어둠이 내리면
모두 잠들고
홀로 달맞이하는 너

아침 햇살에 등 기대어 산을 오르면
밤을 낮 삼아 잠 못 이루고
이슬 머금고 졸고 앉아
지나는 사람의 발걸음 붙잡는 너

세상사 비켜나 고요히 달맞이하며
가슴으로 살아가는 너

비단결처럼 곱게 피어나
누굴 기다리는지
잠 못 들고 앉아있네

떠난 사랑

갈바람에 낙엽 흩어져 거리를 뒹굴고
계절은 차례를 지켜 오는데

마음 한편에 숨겨둔
지울 수 없는 그 사람은 돌아올 줄 모르고

단연코 가슴에서 떠나보내지 않은
변함없는 사랑인데
당신을 떠나온 사랑도 아닌데

이별은 생각조차 해보지 않았는데
어쩌다가 헤어지는 사랑이 되었는지

날 잊지 않았다면
한 번쯤은 찾아와주었을 텐데
어디선가 나만큼 그리워하고 있을까?

도공의 손길

그 시대의 도예가
황토 빛깔 도공의 손길 따라
부드러운 흙의 숨결로
뜨거운 불 속에서 제 모든 걸 태워
천년의 꿈으로 갸륵한
가을 하늘빛 고려청자가 되고

기나긴 침묵 끝에
그의 가슴에 아스라한 기억 하나
불꽃 되어
섬세한 손길에 흰 구름 색으로
오백 년 조선백자가 되고
밝고 맑은 달빛
도공의 가마 속에 잠든다

둥지의 꿈

한가하게 흘러가던 구름도
자취를 감추고

산마루의 노을
붉은 시름 내려놓는다

키 작은 늙은 소나무에
위태한 둥지 하나

홀로지샐
긴 밤의 서러운 꿈
애달프다

만남의 날이 오늘이기를

낙엽 진 나무로 찬 바람이 붑니다
마지못해 떠난 것을 알기에
늘 당신의 자리를 비워둡니다

떠나는 날 당신의 흔들리는
눈동자를 보았습니다
당신의 무너진 마음이었습니다

이별의 아픈 마음을 알기에
만남의 기쁨 또한 알고 있습니다
사랑의 소중함을 알기에
미움의 마음 또한 알고 있습니다

당신이 그리워 잠 못 드는 이 밤
당신 또한 날 그리워하며
이 밤도 잠 못 들고 있겠지요

떠남이 힘든 만큼 돌아오는
발걸음도 힘든 것을 압니다

이별의 시간이 멀어도 만남은
순간입니다

당신의 마음이 허락하는 날이
오늘이기를 바라며
기다림이 헛되지 않기를
당신께 바래봅니다

만남의 날

다시 만날 것을 약속했던
그 겨울, 그 자리로 찾아갔지만
불러도 대답 없어 공허한 마음
되돌아오는 길은
왜 그렇게 멀기만 한지

계절은 봄을 향해 가는데
무심코 기억 더듬어 찾아가니
하얀 눈길 위 자그마한 발자국
점점이 찍혀있네

마음은 벌써
그에게로 다가가 있지만
작은 발자국을 포개며
천천히 따라가는 내 발걸음

만월

어둑한 새벽에 문밖을 나서니
살짝 내린 밤비
땅속으로 살며시 숨어들고
만월에 흠뻑 취해 걷는 발걸음
어느새
내 마음속에도 달이 걸렸다

정적 속으로 보이는
어스름한 풍경
흘러내리는 달빛 속으로 빨려들고
멀리서 들리는 소리
조심스럽게 정적을 깨운다

잠든 풀숲에
사각거리는 작은 풀벌레 소리
거미줄의 가는 떨림이
살며시
달빛을 흔든다

매화꽃 달빛 따라

매화꽃 향기로 흩날릴 때
임 보고파
달빛으로 외로이 흐르고

달빛 고운 밤
새아씨 수줍게 앉아
문밖 인기척에 놀란다

달빛 머금은 매화
은은한 향기로 유혹하니
개나리 시샘한다

짧게 피었다 가는 매화가 없다면
봄의 정취
어디서 찾을 수 있을까

매화꽃 피기까지

햇살은 구름 헤치고 언 땅을 깨워
봄빛 올리느라 마음이 급하다

바람은 햇살 싣고
매화가 웃음 터지길 재촉하며
어린 가지 흔들어 보챈다

물오른 나무
꽃 피는 꿈을 꾸려고
양지바른 졸음을 졸고 있고

애타는 마음을 알기에
시나브로 다가온 봄
매화꽃 수줍게 피어나고 있다

3부

머무는 고독이 되리

철저하게 고독해 봐야만
자신을 알 수 있다면
고요한 새벽을 거닐어 보라

군중 속에 있어도 고독하면
거기에 빠져보라
그들도 고독해서 모였다

고독은 오직 혼자의 것이니
나누어 가질 수 없는
질긴 슬픔의 인연이다

아, 오늘은 고독에
몸부림치는 누군가를 만나
함께 머무는 고독이 되리

무위자연

위태한 바위는
뿌리 깊은 나무가 받쳐 주고

물은 깊은 연못을 이루나
요란스럽지 않으며

새들은 빈산을 위로하느라
목청껏 노래하고

고목을 누가 애처롭다하리
바람이 놀다가네

바다

한때는 거침없는 몸짓으로 힘껏
대양을 누볐을 네가

저 먼 바다의 냄새를 가득 담고
내 밥상에 누웠다

지난날 내가 너의 밥상에 누워
거친 파도를 그리워하듯

다신 우연이라도 만나지 말자
우리만의 인연으로 남기고

별 헤는 이 밤

오늘 밤에도
누군가 헤 다만 별들을
마중하러 갑니다

별 하나에 추억과
별 하나에 사랑과
별 하나에 쓸쓸함과
별 하나에 시와
별 하나에 동경과
별 하나에 어머니, 어머니
이렇게 별 헤다 만 고독한 시인

별들은 이렇게 아름다운데
외롭게 가버린 젊은 시인의 눈에는
별들이 너무도 가여웠습니다

별 헤다 알았습니다
반짝이지 않는 별들과
뜨지 않는 별들과
숨죽여 뜨는 별들이 있다는 걸

외로워서 별이 되고
그리워서 별이 되고
쓸쓸해서 별이 된다는 걸

이제는 아파서 뜨는 별들을
가슴에서 지워버리고
밝게 빛나는 별들을 헤아려 봅니다

별이 지상에 머물다간 자리에
아침이면 밝은 햇살은
꽃을 피우고 만물을 춤추게 합니다

별 헤는 자유로운 밤하늘의 별들은
유난히도 찬란합니다

별이 뜨는 밤

수천 광년 멀리 있는 별빛
애초에 만날 수 없는 운명인데
밤마다
당신의 손결로
내게 별빛을 내려주네

억겁의 시공을 달려와 안기는
우주를 떠돌던 외로움
반짝이는 눈망울에 담겨있네

어느 별빛은 너무나 멀리 있어
내게로 오는 동안에
이미 제 몸을 다 사르고
흔적마저 찾을 수 없다는데

밤마다 어둠 속에서
찬란하게 빛나는 별빛이 있는데
하물며 내 어찌 외롭다 할까

병원

살아 있는 듯 죽은 듯
어떤 침묵보다 무거운 숨소리

쾌유를 바라는 간절한 맘으로
하루하루를 버티고

끝을 알 수 없는 병마
지쳐가는 환자와 보호자들

황혼에 편히 쉴 것을
가냘프게 여기 누웠으니

들숨과 날숨에 귀 열고
밤을 지새우는 날숨과 들숨

보리밭

바람 따라 일렁이는 청초한 보리밭
밭두렁엔 제비꽃 살랑이고
보리피리 소리에 종다리 노래한다

개울물 소리에 풀꽃 눈웃음 짓고
개구쟁이 보리깜부기 까맣게 먹고
검은 입술 하얗게 웃는다

보리밭 즐거운 추억인데
누구의 기억에 아프게 남아 있을
가난을 먹고 보릿고개 넘던 시절…

봄 손님[시조]

갈바람
지난 자리
매서운 추위 가고

봄 오는
길목에서
때아닌 꽃샘추위

움트는
나뭇가지에
찾아오는 봄 손님

봄은 사랑을 가을은 결실을

사랑하면
아픔도 이별도 있습니다
그래도 누군가를 사랑해야 합니다
사랑할 줄 알아야 사람입니다

스스로 사랑해야
진심으로 남을 사랑할 줄 압니다
사랑해야 사랑을 알고
사랑받기 때문에 행복을 압니다

싱그러운 봄날은
사랑을 알기에 좋은 계절이고
빛나는 가을은
사랑의 결실을 알기에 좋은 계절입니다

만약 당신이 누군가를 사랑한다면
사랑을 위해서만 사랑해야 합니다
사랑은 그 자체가 사랑이기 때문입니다

봄비

봄비 내려
겨우내 메마른 가슴
살며시 적시네

목련꽃 떨어지는 나무에도 내리고
아픈 사랑도 아름답다고
내 마음 적셔주네

조용한 카페 창가에 앉아
올 줄 모르는 사람을 기다리며
하염없이 바라보는 비 젖은 풍경

봄비로 찾아온 사람
살며시 다가와
흐르는 내 눈물 감춰주네

봄은 파스텔이다

언제나 사랑 찾아오듯
봄은 살포시 미소 지으며 오네

겨울 지난 자리에
연초록 옷을 입고 숲을 열며
모른 체하고 오네

싱그러운 바람 타고
새 소리와 함께
고양이 걸음으로 찾아오네

아지랑이 가물가물
물결치듯 꽃피니
내게 봄은 언제나
파스텔화라네

비망록

세월을 갉아먹고 살아온 삶이 생각나
새벽 숲의 길로 가보니
안개 사이로 들리는 계곡물 소리 처연하고

개울가 늙은 버드나무
새순 가지 푸른 손짓 따라
조잘거리는 개울물에 꽃잎 하나 띄워본다

지나간 세월을 탓하면 무엇하리
앉았다 일어난 뒷자리가 깨끗하다면
후회 없는 삶이리라

잊혀 가는 기억에 점점 두꺼워지는 비망록
세월의 찌꺼기를 잡고
하세월 마냥 뭉그적거리고 있다

빛의 상처

산마루 잇대어 노을 지는
일몰의 시간
색들은 어둠의 깊은 바다로
하나씩 녹아들고
아침 해가 수면을 스칠 때
빛은 색들을 깨운다
빛의 상처로 생겨난 색들은
만물에 생기를 불어넣는다
빛이 존재하는 한
빛의 상처로 태어난 색들은
영원하다

사랑

우리를 취하게 하는 사랑이
어디에도 숨어있네

죽는 날까지 사랑하리라
죽도로 사랑하리라

내 다시 태어나도 사랑하리
모두를 사랑하리

그리고 사랑받으리
지금 나 사랑을 노래하노라

사랑은 어디서

어디에 숨어 있다가 뒤늦게 나타나서
행복을 안겨주었다가
무엇이 모자라 눈물까지 챙겨주는지

늘 함께하는 행복은 아니지만
너와 함께라면 그것으로도 행복인데

허무하게 가버릴 사랑이라면
시작도 하지 않았을 것을

아픔은 나 혼자의 몫으로 남겨주지만
너 향한 그리움은 어찌할까

사연

한평생 짊어져야 할 사연이 어디에도 없으랴
꺼내기 싫은 가슴 아린 기억이
지워지지 않는 낙인이 되어 따라온다

힘겹게 견딘 눈물의 끝은 사랑인 줄 알았는데
아픈 사연이 될 줄 미처 알지 못했다

숨기고 싶은 말 못 할 사연을 가슴에 묻어두고
당신 앞에서 지난날을 잊고자 함도 아닌데

당신도 사연이 있겠지만 무심한 척 내 앞에서
어색한 웃음 웃고 있다

세상 살면서 사연 없는 삶이 어디 있으랴

산사의 시간

시간을 넘기는 책장에
늦가을 한 움큼
가슴속 밑줄 하나 긋고
살며시 빠져나가
소슬한 우둠지에
자그마한 둥지를 튼다
스쳐 가는 시간과
바람에 풍경소리 구름
따라 흐르고
내 심연에 파문이 인다
분주한 다람쥐
오가는 세월에 무심코
적막하기에 슬퍼지는
고요함 속에
가만히 나를 맡겨보는
산사의 시간이다

산은 말이 없지만

산은 말이 없지만
언제나 열려 있기에
열려 있는 만큼 얼마든지 받아준다

말 없는 산은
모두 품을 수 있기에
품은 만큼 사랑을 고루 나누어 준다

산은 말이 없지만
모두를 가지고 있기에
가진 만큼 아낌없이 모두 내어준다

말 없는 산은
언제 어디서나 받아주니
고마움을 알고 겸허히 찾아야한다

산의 품속에서

유명한 산악인에게
왜 힘들게 산을 오려느냐고 묻자
그는 산이 거기에 있기 때문에
오른다고 했는가

꼭 이유가 있어서가 아니라
산에 오르면 누구나 평등하고
권력도 명예도
모두 거추장스러울 뿐이다

삶이 힘들고 누군가 그리울 때
산을 찾아 그 품속에 안겨보라
산은 우리의 고독한 영혼과 아픈 가슴을
어루만져준다

4부

산이 가진 여유

바람에 진한 아카시아 향이
코끝을 스쳐 가니
꿀이 익을 때 너를 부르리라

새소리와 달빛 깔린 계곡물
소리, 바람 소리, 모두
나와 벗의 것이 아닌가

산속에 들면 말 없는 산을
헤아릴 수 있으니
사랑에 빠지지 않겠는가

여유로운 마음으로 품어주니
어찌 그 넉넉한 품에서
살고 싶지 않겠는가

새벽 산에서

잠 못 드는 새벽
만물이 기지개 켜니
물 맑은 개울에
피라미 힘차게 꼬리 흔들고
풀잎 위 한 방울 새벽이슬
개울물에 떨어지니
놀란 물고기 몸 숨기기 바쁘다

인생을 알만하니
세월은 너무도 빠르게 흘러
아쉽고 안타까워도 어쩔 수 없네

떨어질 때를 아는
낙엽처럼
생이 다하는 날까지
부끄럽지 않게 살다 가면
어떠하리

생이 다하는 그 날까지

우리를 미소 짓게 하는 꽃
사랑도 닮았다
아직도 아픈 가슴에 남아 있는
너를 보내고
사랑 때문에 아파본
누군가와
생의 마지막 날까지 함께 하리

있어야 할 곳에 있고
필요로 할 때 곁에 있는 마음
편한 사랑을 하리
내가 너를 아는 만큼
너도 나를 아는 만큼만
사랑해도 행복하다면 기꺼이
그러하리

생이 다하는 그 날까지
기쁨의 눈물도
슬픔의 눈물도 함께 하리

수국*

한 모금 비를 머금고 송아리로 핀
수더분한 자태
늦여름은 걸망 하나에 나그네 된다

모래톱 풀 섶에 짙은 어둠이 내리면
모래알 같은 별들
나그네 갈 길에 내려앉고

바람을 잠재운 아침 햇살은
홀로 가는 외로운 나그네 길 위로
부드러운 햇살을 보내고

함박꽃 질 때
수국을 앞세워 한바탕 비를 뿌리면
기어이 가을이 오고야 만다

수국: 수많은 작은 꽃들이 모여 하나의 꽃을 완성하고 한여름에 피는 아름다운 꽃이다

술 권하는 세상

삶이 힘들어 한잔 술에 마음 아파도
아는 이 없으면 어떠리

그냥 바람처럼 살자
부질없는 인생살이에 알 것 없어라

마음 가는대로 마시니
별것 아닌 생 살 맛 나는 세상 아닌가

다만 그리운 이 없이 혼자 기울이는
술잔이 아쉬울 뿐이네

술잔에 나를 담아 마시니

때론 나를 놓고
늦도록 까지 마시고 싶은 날
하늘의 별들과 벗 삼아
한잔 나누고 싶다

흩날리는 말들이 잔 부딪히고
세상을 담고 나를 담아 마시면
모두가 아름답게 보이니
어찌 마시지 않을까

어쩌면 이 밤이 있어
내 안의 상처를 잠시 잊을 수 있지만
내가 마시는 것은
술이 아닌 눈물이었던 것과
술에 취해 쓰러진 것은 그리움이라는
지독한 신열 때문임을

지난날의 상처를 간직한 사람들이
이렇게 모여
술잔을 비우고 있구나

슬픈 포장마차

날개 잃은 사람이 상처를 숨긴 채
밤안개 속으로 그 사람 이름을 부른다

다시는 믿음을 말하지 말자고 한다
그를 부르면 슬픔이 밀려온단다

기억의 저편을 묶어
파도치는 바다에 던져 모든 것이 지워지는 날

안개 속 포장마차
파도치는 포말은 잔속에서 부서지고 있다

아침 산을 오르며

이른 아침 햇살을 펼치니
만물이 기지개 켜고
물 맑은 개울에 피라미 힘차게
꼬리 흔들고

풀잎 위에 한 방울 아침이슬이
개울물에 떨어지니
놀란 물고기 몸 숨기기 바쁘다

주마등 같은 세월에
인생을 알만하니
시간은 기다려 주지 않고
아쉽고 안타까우나 어쩔 수 없네

떨어질 때를 아는 낙엽처럼
생이 다하는 날까지
부끄럽지 않게 살다 가면 어떠하리

안개꽃[시조]

너에게
짝이 없음
누구를 보내줄까

장미꽃
돌아보니
수줍은 하얀 웃음

안개꽃
붉게 물들고
장미 함께 떠나네

여름날 아침

솜털 간질이는 바람으로
간밤에 젖은 깃 세우는 산새들
나뭇등걸에 살짝 앉아 쉬는 잠자리 날개
길섶 홍건히 이슬 머금은 꽃이
햇살에 무지개 띄운다

녹음 짙은 산은
아침 안개를 걷어내고
청명한 하늘
연못에 첫 햇살 드리우면
바람이 상쾌한 아침을 깨운다

연리지連理枝*

나의 전부를 오롯이 바치고
지난 외로움을 보상받기라도 하듯
뗄 수야 뗄 수 없는 사이가 되었다

어떤 인연이기에 이 세상에 태어나
지극한 사랑으로 한 몸이 되니
초연히 죽음의 고통마저 함께한다

누가 묻는다면 단 한 번의 사랑이
당신이라 하련다
누가 또 묻는다면 세상 살아가는
이유가 당신이라 하련다

연리지: 한 나무와 다른 나무의 가지가 서로 붙어서 하나로 이어진 것

오솔길[시조]

한적한
사색의 길
오솔길 따라가다

못다한
사랑 노래
이슬에 녹아드니

우리를
슬프게 하는
연인의 길 오솔길

외로움[시조]

너 떠난
아픔으로
힘겹게 몸살하고

외롭다
말했던가
기다림 애절하고

누구의
가슴속으로
기대어서 살까나

유년의 소리

토란잎에 맺힌
이슬방울 구르는 소리
어떤 음으로 귓전을 스칠지
마음에 들리는 속삭임인가

마음의 창으로 들리는
아스라한 기억
가장 아름다운 소리로
다가 오네
아직도 남아있는 여운
쭈그려 앉아 들었던
내 유년의 맑은
눈동자 구르는 소리였네

이별예감

이별에도 예감이 있는 모양이다
나를 바라보며 언제까지 네가
행복해할까

내 곁에서가 아니라
네가 있어야 할 자리가
행복하다는 것을 알게 되겠지

네가 웃을 수 있다면
보내고 가슴 아픈 후회를 해도
널 보내야 겠지

떠나보내니 마음이 쓰려온다
내가 많이 아픈 만큼
너는 행복해야만 한다

익명의 여자

생각조차도 가닿지 않은 저 바다의
아득한 깊이만큼 흘러간 시간에
낯익은 기억 속의 여자가
바닷가를 걷고 있다

어머니의 어머니
또 그 어머니의 어머니
그녀의 시간은 강인하고 고달프고, 무거웠다

명멸하는 빛으로 부서지는 시간
그녀는 해안의 끝으로 사라지고
파도는 짙은 어둠을 몰고
밤새 부서지고 있다

밤을 뒤척이고 파도가
아침 햇살을 튕겨내는 시간에
낯익은 기억 속의 여자가 홀로
바닷가를 걷고 있다

인생[시조]

구름은
어딘가로
말없이 곁을 뜨고

바람은
저 산 너머
노을로 사라지니

덧없는
인생살이에
쉬엄쉬엄 가리라

인생길을 가다 보면

인생길을 되돌아보면
당연한 것들이 소중했음을
말해주고
필요 없던 것들이 필요로
했음을 말해준다

오롯한 행복도 불행도
없다는 걸
말해주고 가장 슬펐던
때가 가장 행복한
순간으로 다가올 수도
있음을 말해준다

가장 멀리한 사람이
가장 소중한
사람이 될 수 있으니
함부로 속단하지
말라 하고 인생은
한순간임을 말하더라

인연

인연 따라 삶이 달라진다면
믿음 하나로 함께하고 싶은
사람을 만나고 싶다

내가 그대 사람이란 걸
그대가 내 사람이란 걸
꿈같이 생각되기를 바라고 싶다

그대와 불꽃같은 사랑을 하다
그 인연마저 태우고
가뭇없이 사라지고 싶다

언제 어느 때 다시 태어나도
그대와의 인연으로
행복했다고 말하고 싶다

5부

임의 미소

찬바람 속에 다소곳이 피어 있는
매화 같은 임의 모습

깊고 그윽한 눈매
사랑 머금은 얼굴에 엷은 미소

풍경소리 귓전을 스쳐 돌아가니
임의 미소 절로 번지고

뜨락에 꽃 가꾸며
잡다한 마음 구석 비질해본다

잔잔한 가을 햇살 아래서

선불리 말할 수 없어요
가을을
이별의 상처가 덜 아물었음을

선불리 말할 수 없어요
가을을
누구나 한 번쯤은 외로웠음을

선불리 말할 수 없어요
가을을
눈물 한 방울 나누어 가졌음을

잔잔한 가을 햇살 아래서…,

장맛비[시조]

말쑥한 여름 하늘
장맛비
쏟아지니
너라면
어찌하리
눅눅한 가슴속을

뉘라서
흠이 없으리
씻어보세 이참에

찔레꽃

순백의 꽃
오솔길 수풀에 부끄러운 듯
다소곳이 피어나
몸을 지키려고 은장도를 지녔던
양반가의 아씨처럼
함부로 꺾으려던 손길 때문에
연한 가시로 몸을 감싸고
자기를 지키려는 마음이 고와 더
예쁜 꽃
새순 꺾어 먹던 어릴 적 추억이 있는
작지만 아름다운 꽃
너를 들여다보니
문득 보고 싶은 얼굴 하나
나를 보고 말갛게 웃고 있네

차향 마시는 가을 오후

저무는 가을 냄새 가득히 담은
고즈넉한 오후
사람이 그리울 때

오후에 작은 시간을 내어
차 한 잔 나누고 싶은 날이다

누군가와 함께 마시는 차는
격식 없이 서로를 이어주고
마음 따뜻하게한다

입안 가득히
향기로 안기는 차는
마음의 휴식을 안겨주고
머리를 맑게한다

마음 맞는 사람과 함께하였다면
더 좋았을 가을 오후의 한 날이다

청춘, 잠시 피었다 지는 꽃이여

내게도 푸른 시절이 있었던가
현실에 부딪혀
불타는 가슴으로 아파보았던가
어설픈 뜨거운 사랑으로
혼자서 숨죽여 밤새 울어보았던가
그래도 고독은 달콤했고
눈물은 서럽지 않았다
꿈을 현실로 바꿀 수 있는 열정과
이상을 가지고 도전할 때
청춘은 아름답다
내 젊은 시절은 잠시 붉었다지는
꽃이었던가
아, 청춘
되돌아가지 못할 빛나는 날들이여
그대 청춘들은 이 시간을 마음껏 즐겨라
그래도 모자람이 없다

코스모스[시조]

갈바람
코스모스
가녀린 목덜미로

내 마음
흔들릴 때
스치는 지난 아픔

어쩌나
내 그리움을
너 가 있어 잊을까

포니테일*

초원을 누비는 자유로운 영혼이랄까
조랑망아지 어미 따라 뛰노는 모습이
한 폭의 그림으로 다가오네
조랑말 눈빛이 맑고 귀여워
기르고 싶은 마음이 생긴다네
그녀에게도
조랑말과 같은 발랄함도 있겠지
그녀에게 사랑을 느끼게 하는 약간의
연민도 있어
달 밝은 밤
음유시인이 세레나데를 부르는 음률,
방금 감은 검은 머리칼
달빛 따라 물결치는 음표
풋풋한 향기 방울방울 물보라 일 듯
허공 속으로 흩어진다
오늘 밤 그녀에게 사랑의 세레나데를
부르리라

포니테일: 긴 머리를 뒷머리 위쪽에서 묶어 망아지 꼬리처럼 늘어뜨린 머리 모양 일명 말총머리라고도 함

풀꽃

가장 낮은 곳으로
작게 핀 너
이름을 모른다고
서운해 마라
이름을 알고 나면
더 유심히 본다
그러다 정이 들고
사랑도 한다

풀꽃의 인연

홀로 핀 풀꽃
저 애틋한 몸짓이 가슴으로 와 닿고
질긴 목숨으로 땅으로 누웠는데
진작 바라보는 이 없어 서럽다

사랑은 서로의 가슴을 기대고 사는데
어떤 운명을 갖고 태어났는지
그 흔한 사랑 한번 해보지 못해
기댈 곳 하나 없어 외롭다

인연이 닿는다면 누구의 가슴으로
불같은 사랑을 하다가
그 인연마저 태우고 홀연히
사라져도 후회하지 않으리라

언제 어느 때 다시 태어나도
이름 없는 풀꽃으로 나서
누구를 만나도 그대와의 인연으로
행복했다고 말하리라

하, 어찌하랴

먼 골짜기에 뻐꾹 뻐꾹 애잔한 소리
이맘때,마른 가슴에 그리움만 남아 있어
그렇게 울어도 메아리만 남네

저 산 넘어 노을 지고,사랑했다 말 못해
그대 잠든 산에 뻐꾸기 되어
날마다 부르는 소리 여름의 슬픈 노래

하, 어찌하랴
인연이 짧아 그러한데 내 아픈 가슴에서
떠나보내야 할 끝이 보이지 않는 그리움
그대 잠든 곳에 남기리

한 마리 새

시작은 어디서부터이며
끝은 어딜까
갈피를 잡지 못한 체
헤매는 가련한 한 마리 새
상처 난 날개를 접는다

어둠이 오면 솟구치리
걸림이 없기에
본래는 암흑이리라
시작은 어슴푸레하게
밝음이리니

한낮은 눈을 멀게 하고
노을은 황홀하다
시작은 이미 과거이며
또한 미래임을 알기에

어둠을 뚫고
하늘로 솟구치는
외로운 한 마리의 새

한여름 밤의 꿈

초롱꽃, 접시꽃, 수국, 백합, 백일홍
분꽃, 해당화 등 여름꽃
향기는 어둠 속에 스며들고

풀벌레 소리는 밤의 정취를 돋우고
향기 품고 지나는 한 줄기 바람에
문풍지 파르르 떨린다

고요한 달빛은 향기를 가득 담고
살며시 창으로 밀려들고
치마 끄는 소리 수줍게 건너온다

밤의 향기에 취해
손끝에 옷고름 떨리고
흔들리는 달빛에 드러나는 고혹적인 몸매

아득한 운우지정雲雨之情에
한여름 밤은 깊어가고
눈치 없는 아침 햇살이 꿈을 깨운다

행복[시조]

짧기에
아름다워
한철에 피고 지고

사랑도
헤어짐도
인연에 속절없고

언젠가
다시 만나면
행복했다 말하리

행복과 불행

행복은 우리와 함께 늘 숨 쉬고 있지만
다만 찾지 않을 뿐이다
되돌아본 길에 사랑하는 사람과 늘
같이하였다면
당신은 행복한 사람이다
눈으로 보이는 것만이 사랑이 아니라
마음으로 보는 사랑이 참사랑이다
오늘이 행복하다고 생각하면
내일의 불행을 염려하고
오늘이 불행하다고 생각하면
내일은 반드시 행복이 온다고 믿으며
불행을 껴안고 사랑으로 대하면
우리의 삶을 더욱 성숙시키고
행복도 스스로 우리 곁으로 찾아온다

행복은 어디에

한번쯤 쉬어가자 생각하고 나를 보니
삶에 지친 모습에
행복이 들어설 틈이 없더라
행복은 생각보다도 거창하지 않고
사소한 것에도 있더라
행복은 잘 찾아보니 멀리 있지 않고
마음속에 숨어 있더라
오늘 하루
내생의 전부라 생각하니
비로소 행복이 찾아오더라

호수

호수에 잔잔한 파문이 일면
노을 같은 그리움이 마음 적시고

가을 잎새에 물이 들 때면
아픔은 호수만큼 넓어지고
쓸쓸함은 호수만큼 깊어지네

새소리가 점점 멀어질 때
가을은 점점 더 깊어가고
외로울 땐 맑은 호수를 찾아와
마음 담가본다

산이 저토록 빛나는 건
호수에 몸을 씻어내기 때문이다
내 삶의 찌꺼기도 씻어내고 호수만큼
맑은 마음으로 살까한다

홀로 핀 꽃

달빛 머금고 핀 꽃
내일의 절박함을 알기에
오늘을 미소 짓게 하자

바람결에 핀 꽃
내일의 이별을 위해
오늘을 미소 짓게 하자

이별안고 핀 꽃
내일의 만남을 위해
오늘을 미소 짓게 하자

사랑 품고 핀 꽃
내일의 행복을 위해
모두를 미소 짓게 하자

홀로 한 사랑

혼자만의 사랑으로
마음 아팠던 나날들
잠시 한 사랑이지만
그것도 사랑이라고
이제 너와의 추억을 잘라야지

차곡차곡 쌓아둔 기억
낱낱이 지워야지
홀로 한 사랑
누가 그대를 위로해줄까
지난날의 아픔
남김없이 날려 보내리

묻지도 말아
그것도 추억이라고
가다 보면 가다 보면
잊혀 질 테고
살다 보면 살다 보면
아무것도 아닌 것을

김선보 시집
간이역 이야기

인쇄일: 2020년 7월 24일
발행일: 2020년 7월 31일

지은이: 김선보
펴낸이: 최경식
펴낸곳: 도서출판 청옥문학사
인쇄처: 세종문화사

등록번호 제10-11-05호
E-mail: sik620@hanmail.net
전화: 051-517-6068

값 10,000원

ISBN 978-89-97805-95-2 03810

이 도서의 국립중앙도서관 출판예정도서목록(cip)은 서지정보유통지원시스템 홈페이지(http://seoji.nl.go.kr)와 국가자료공동목록시스템(http://www.nl.go.kr/kolisnet)에서 이용하실 수 있습니다.(cip2020030599)